GTB
Gütersloher Taschenbücher
1299

Jörg Zink · Rainer Röhricht

Was Christen glauben

Gütersloher Verlagshaus
Gerd Mohn

Die Texte »Grundworte der Bibel« entnahmen wir mit
freundlicher Genehmigung des Kreuz-Verlages,
Stuttgart und Berlin, dem Band »Das Neue Testament«,
übertragen von Jörg Zink

Originalausgabe

Die Deutsche Bibliothek – CIP-Einheitsaufnahme

Zink, Jörg:
Was Christen glauben / Jörg Zink; Rainer Röhricht. –
Orig.-Ausg., 12. Aufl., (184.–189. Tsd.). –
Gütersloh: Gütersloher Verl.-Haus Mohn, 1992
(Gütersloher Taschenbücher; 1299)
ISBN 3-579-01299-1

NE: Röhricht, Rainer:; GT

ISBN 3-579-01299-1
12. Auflage (184.–189. Tsd.), 1992
© Gütersloher Verlagshaus Gerd Mohn, Gütersloh 1969

Gesamtherstellung: Clausen & Bosse, Leck
Umschlagentwurf: Dieter Rehder, B-Kelmis
Printed in Germany

Inhalt

Ein Glaubensbekenntnis

Wir glauben an Gott.
Wir sind nicht allein.
Wir sind geborgen.
Wir sind frei.

Wir glauben an den göttlichen Geist,
den Geist der Freiheit,
der uns verbindet
zu der einen umfassenden Kirche.

Wir glauben an Jesus Christus,
der Gott zeigt und vertritt,
der das Reich des Friedens verkündete
und aus Liebe zu uns starb.

Wir glauben, daß Jesus lebt.
Er befreit uns von Schuld,
von Angst und Tod.
Er hilft uns leben.

Wir glauben an den Gott,
der die Welt schafft und erhält,
der will, daß wir mit ihm wirken,
der Welt und den Menschen zugute.

Wir glauben an den lebendigen Gott,
der die Welt vollendet und erneuert,
der auch uns bewahrt und neuschafft
zu unvergänglichem Leben.

Gott

Was es heißt, an Gott zu glauben

Es geht nicht ohne Glauben

Jeder Mensch glaubt irgend etwas,
auch wenn er meint, er glaube nichts.
Er kann nicht von dem leben,
was er sehen und beweisen kann.

Niemand kann einen Menschen lieben,
wenn er nicht glauben will,
denn der andere kann nicht ständig beweisen,
daß er es ernst meint.

Niemand kann einem anderen vertrauen,
wenn er nicht glauben will,
denn der andere kann ihm nicht beweisen,
daß er Vertrauen verdient.

Niemand kann etwas planen oder tun,
wenn er nicht glauben will,
denn er kann nicht wissen,
was die Zukunft bringt.

Glauben heißt vertrauen

Wenn einer glaubt, heißt das nicht,
daß er Unvernünftiges behauptet,
weil er seine Vernunft nicht gebrauchen will,
daß er Ungenaues hinnimmt,
weil er nichts Genaues weiß,
daß er von einer jenseitigen Welt träumt,
weil er die diesseitige nicht liebt,
oder daß er sich an Meinungen von gestern klammert,
weil er mit der heutigen Zeit nicht zurechtkommt.

Wer glaubt, vertraut, wo er nichts sieht.
Er ist seiner Sache gewiß, ohne Beweise zu haben,
und erwartet, was er nicht erzwingen kann.

An Gott glauben heißt festen Halt haben

Wir sind keine Übermenschen.
Unsere Kraft hat Grenzen.
Wir sind verletzlich an Leib und Seele
und können uns nicht an uns selber festhalten.
Wir glauben aber an Gott
und verlassen uns auf eine Macht, die uns hält.

Unser Leben dauert eine begrenzte Zeit,
Am Ende erwartet uns der Tod,
denn alles Lebendige geht zugrunde.
Wir glauben aber an Gott
und stehen auf einem Grund, der uns trägt.

Wir möchten vieles erreichen
und bemühen uns, dem Leben Sinn zu geben.
Dennoch beherrschen wir unser Schicksal nicht
und sehen nicht, was die Zukunft bringt.
Wir glauben aber an Gott,
an das letzte Ziel unseres Tuns und Leidens.

An Gott glauben heißt Frieden haben

Wer an Gott glaubt, ist nicht allein.
Er kann mit ihm sprechen
und weiß, daß er gehört wird.
Er ist geborgen.

Wer an Gott glaubt, ist frei.
Er braucht nichts zu sein, was er nicht ist,
nichts zu zeigen, was er nicht hat,
und nichts zu leisten, was er nicht kann.
Er braucht Tod und Schwachheit nicht zu leugnen.
Er ist in der Angst nicht verlassen.
Wer an Gott glaubt, kann leben.

Wer mit Gott lebt, findet Frieden.
Er ist versöhnt mit seinem Schicksal,

mit den anderen Menschen und sich selbst.
Wer versöhnt ist, kann andere versöhnen.
Wer mit Gott lebt, kann Frieden stiften.

Woher wir Gott kennen

Wir reden von Gott

Wir sprechen das Wort »Gott« aus,
obwohl wir ihn nicht gesehen haben,
und rechnen mit ihm.
Wie kommen wir dazu?

Wir können von Gott nur deshalb reden,
weil andere uns von ihm gesagt
und uns ein Leben mit ihm vorgelebt haben.
Wir finden Gott nicht allein in uns selbst.

Niemand lebt allein

Niemand bringt sich selbst zur Welt.
Niemand nimmt, was er zum Leben braucht,
aus sich allein.
Was wir wissen und verstehen,
empfangen wir zuerst von anderen.
Was wir tun, knüpft an das an,
was andere vor uns getan haben.

Auch der Glaube entsteht nicht von selbst

Er entsteht am Wort und Beispiel anderer.
Seit vielen Jahrhunderten
gibt es Menschen, die ihn weiterreichen.
Sie sind miteinander die »Kirche«.
Die Kirche beginnt bei Jesus,
der mit dem Glauben den Anfang machte
und auch uns zum Glauben hilft.

Alle Christen sind beteiligt

Alle und nicht nur die wenigen,
die ein Amt haben,
sollen und können von Jesus sprechen

und tun, was er getan hat:
Lieben, lehren, heilen,
trösten, kämpfen, leiden
und glauben wie er.

Alle gehören zu der einen Kirche

Keine Konfession kann sagen:
Nur wir sind die Kirche!
Keine Konfession hat die Wahrheit allein,
denn Gott gibt die Wahrheit allen,
die ihn darum bitten.

Glaubenssätze und Dogmen sollen nicht
trennen, sondern verbinden.

Die Kirche lebt, solange sie sich hingibt

Es kann nicht ihr Ziel sein,
sich und ihren Bestand zu hüten oder zu mehren.
Sie muß ausstrahlen und verändern,
für die Wahrheit eintreten,
der Gewalt widerstehen,
der Gerechtigkeit und dem Frieden dienen.

Sie beruht nicht auf Herrschaft und Gesetz.
Sie darf sich auf Macht und Ordnung nicht verlassen.
Sie verbindet Menschen ohne Zwangsgewalt
und steht auf der Seite der Bedrängten.

Sie muß bereit sein, zu leiden,
wenn man ihr Unrecht tut,
und tatkräftig mitzuleiden,
wo anderen Unrecht geschieht.

Die Christen brauchen die Bibel

In der Bibel lesen wir von Erfahrungen,
die Menschen mit Gott gemacht haben.

Wir lesen, wie das Volk Israel
von Gott erwählt und geführt wurde,
wie es von Gott gesegnet wurde
und am Widerstand gegen ihn zerbrach.

Die Bibel erzählt,
was Jesus von Nazareth gesagt und getan hat.
Sie schildert, wie er litt und starb.
Sie bekennt, daß er auferstanden ist und lebt.
Sie bezeugt, daß Gott in ihm wirkt
und daß er gegenwärtig ist,
wo Christen zusammenkommen.

Die Bibel ist von Menschen geschrieben.
Sie wird von Menschen gelesen und ausgelegt.
Doch spricht Gott selbst zu uns,
wenn es ihm gefällt,
im Wort von Menschen.
Darum ist die Bibel Gottes Wort
und darum kann auch die Auslegung der Bibel
Gottes Wort sein.

Es geht nicht ohne Gottes Geist

Wenn wir die Bibel auslegen,
ohne daß Gottes Geist uns bewegt,
vertreten wir tote Überlieferungen,
Meinungen von gestern
oder Einfälle von heute,
die keinem helfen.
Die Wahrheit der Bibel ist nur dort wirksam,
wo sie uns und die Welt verändert.

Von Grund auf ändern und neuschaffen,
können nicht wir Menschen,
das kann allein der Geist Gottes.

Wer für Gott bürgt

Für Gott bürgt uns Jesus

Niemand kann beweisen,
daß es einen gütigen Gott gibt.
Leid, Tod und Bosheit,
Grauen und Schrecken in der Welt
sprechen dagegen.
Wenn wir uns an das halten, was wir sehen,
können wir kein Vertrauen fassen.
Wir können aber trotz allem an Gott glauben,
wenn wir uns auf Jesus verlassen.

Er bürgt durch sein Leben

Er lebte nicht für sich,
sondern war bei den Menschen
und zeigte ihnen, wie nahe Gott ist.
Er heilte Leib und Seele von Kranken
und zog sich von den Ausgestoßenen nicht zurück.
Er gab sich vollkommen hin.
Er kämpfte gegen Selbstgerechtigkeit,
gegen Erstarrung und Heuchelei.
Er löste die Menschen, die ihm glaubten,
von ihrer Schuld und führte sie so zu Gott.
Er befreite sie von der Sorge um ihr Leben
und gab ihnen Augen für die Not der anderen
und Kraft, ihnen zu helfen.
Er zeigte ihnen die Zukunft:
das Reich der Liebe Gottes.

Er bürgt durch seinen Tod

Die Frommen und Rechtschaffenen seiner Zeit
ertrugen ihn und sein Wort nicht.
Er stand ihnen einsam und wehrlos gegenüber
und wurde von ihnen getötet.
Er wehrte sich nicht mit Gewalt

und floh nicht vor seinen Verfolgern.
Er betete für seine Henker
und ertrug seine Feinde.
Er war von Gott nicht fern,
auch als er sich von ihm verlassen glaubte.

Was er litt, kommt uns zugute.
Denn durch ihn können wir glauben,
daß Gott uns nahe ist,
wo wir geängstet und verzweifelt sind,
schuldig und gottverlassen,
und wenn wir sterben müssen.

Er bürgt durch seine Auferstehung

Die ersten Christen verkündigten,
Jesus sei ihnen erschienen.
Er sei lebendig und wirke mit der Macht Gottes.
Wie Gott gegenwärtig ist,
so sei er mitten unter denen, die an ihn glauben.

Seine Auferstehung gibt uns die Gewißheit,
daß Gottes Kraft niemals erschöpft ist,
auch nicht in unserem Tode,
und daß wir leben werden.
Jesus hat die Grenze vom Tod zu neuem Leben durchbrochen,
und wir werden ihm folgen.

Jesus steht zwischen Gott und uns

Wir sprechen von Gott, weil er von Gott sprach.
Wir vertrauen Gott, weil wir Jesus vertrauen.
Wir kennen Gottes Willen,
weil Jesus ihn gelehrt und erfüllt hat.
Wir brauchen an Gott nicht zu verzweifeln,
weil Jesus auch im Sterben
von Gott nicht verlassen war.
Wir hoffen auf ein neues Leben,
weil Gott Jesus aus dem Tode gerettet hat.

Wir wagen es mit Gott,
weil Jesus es mit Gott und mit uns gewagt hat.

Jesus heißt »der Christus«, der »Bevollmächtigte«.
Das heißt: Er steht für uns an Gottes Stelle.
An ihm wird zuletzt gemessen,
was unser Tun und Wesen wert sind.
Was vor ihm standhält, hält wirklich stand.
Was vor ihm nicht besteht, ist für ewig vertan.

Wir Menschen

Was wir wert sind

Was wir wert sind, sehen wir an der Taufe

Die Taufe ist ein Zeichen für den Weg,
den Jesus gegangen ist:
Er ging in den Tod und aus dem Tod ins Leben.
Das Wasser bedeutet den Tod.
Wer aus dem Wasser gerettet wird, der lebt.

An der Taufe erfahren wir,
daß wir von Gott nicht geschaffen sind,
um zu sterben, sondern um zu leben.

Die Taufe gibt uns die Gewißheit,
daß wir Gottes mündige Kinder
und freie Menschen sind,
die zu ihm sagen dürfen: Lieber Vater!

Die Taufe zeigt den unendlichen Wert,
den wir für Gott haben.
Wir brauchen uns nicht zu überschätzen
und nicht an uns zu verzweifeln.
Wir können uns selbst bejahen,
weil Gott uns bejaht und zu uns steht.

Wir taufen Kinder.
Das ist gut.
Denn Gottes Liebe zu uns
hängt nicht von unserer Einsicht,
unserer Mühe und unserem Glauben ab.

Wir taufen Erwachsene.
Das ist gut.
Denn ohne unseren Willen,
unseren Entschluß, unsere Hingabe,
unsere Liebe und Dankbarkeit
kann sich nicht erfüllen, was Gott mit uns vorhat.

Wir berufen uns auf den Befehl,
den Jesus gegeben hat,
und auf sein Versprechen,
daß er bei uns bleibe bis ans Ende der Welt:

»Mir ist alle Gewalt gegeben im Himmel und auf Erden.
Darum geht hin und macht zu Jüngern alle Völker:
Tauft sie auf den Namen des Vaters
und des Sohnes und des heiligen Geistes
und lehrt sie halten
alles, was ich euch befohlen habe.
Denn ich bin bei euch alle Tage
bis an der Welt Ende.« Matthäus 28

Was uns verbindet

Was uns verbindet, zeigt das Abendmahl

Das Abendmahl ist die Feier des Friedens.
Die gemeinsame Mahlzeit schließt Freunde
und selbst Feinde zusammen.

So speiste Jesus mit allen,
die ihn brauchten, auch mit Sündern und Gottlosen
Er saß mit seinen Freunden zu Tisch
am Abend, ehe er starb,
und reichte ihnen Brot und Wein
zum Zeichen, daß nichts sie mehr trennt
und zwischen Gott und ihnen Frieden herrscht.

Durch sein Sterben bekräftigte er,
was das Mahl bedeutet hatte.
Darum erinnern wir einander an seinen Tod,
wenn wir das Mahl feiern,
und verbinden uns miteinander und mit ihm.
Wir nehmen und geben Brot und Wein,
sind gewiß, daß Jesus gegenwärtig ist,
überwinden, was uns entzweit,
und freuen uns, daß wir Frieden haben
mit Gott und den Menschen.

Zu dieser Tischgemeinschaft
sollen wir alle Menschen einladen,
denn sie weist auf das allumfassende Reich
des Friedens hin,
in dem es keine Feinde
und keine Fremden mehr gibt.

Paulus berichtet vom letzten Abendmahl:

»In der Nacht, da er verraten ward,
nahm Jesus, der Herr, das Brot,
dankte und brach's und sprach:

Nehmet, esset, das ist mein Leib,
der für euch gegeben wird.
Das tut zu meinem Gedächtnis.

Ebenso nahm er auch den Kelch
nach dem Mahl und sprach:
Dieser Kelch ist der neue Bund in meinem Blut.
Das tut, so oft ihr's trinkt,
zu meinem Gedächtnis.

Denn so oft wir von diesem Brot essen
und von diesem Kelch trinken,
verkündigen wir den Tod des Herrn,
bis er kommt.« 1. Korinther 11

Wie wir mit Gott sprechen

Das Gebet ist ein Gespräch mit Gott

Wenn wir beten, öffnen wir uns für Gott
und nehmen ernst, daß er bei uns ist.
Wir können mit bestimmten Worten beten,
aber auch ohne Worte, während wir schweigen,
arbeiten oder nachdenken.

Wir beten nicht,
weil wir uns selbst beruhigen wollen.
Wir führen kein Selbstgespräch,
um Klarheit zu finden.
Wir wenden uns an Gott,
weil er uns hört und unser Schicksal ihm wichtig ist.

Wir brauchen ihm nichts mitzuteilen,
das er nicht wüßte,
aber wir sprechen unsere Sorgen vor ihm aus
und ordnen vor ihm unsere Wünsche.
Wir klagen ihm unsere Not oder die Not der anderen.
Wir bekennen ihm unsere Schuld
und bitten, er möge uns von ihr befreien.
Wir bitten ihn um Glauben, um Kraft,
um Geduld und Einsicht in seinen Willen.

Wir danken ihm für seine Gaben
und rühmen ihn, seine Güte und Macht.
Wir kehren uns von uns selbst ab
und wenden uns ihm und den Menschen zu.

Wenn wir Jesus im Gebet anreden,
meinen wir den einen Gott,
den Christus vertritt.

Wenn wir zum heiligen Geist beten
– Komm, heiliger Geist! –,
bitten wir den einen Gott,
er möge uns mit seinem Geist nahe sein.

Jesus gab uns das Vaterunser

Es beginnt mit der Anrede
»Vater im Himmel!«

Wir sollen uns Gott anvertrauen
wie einem zuverlässigen Vater,
auch wenn wir unsere eigenen Pläne machen
und unser Leben selber sichern müssen.
Mit dem Wort »Himmel« meinen wir,
daß Gott nahe ist und wir ihn doch nicht greifen können.
Wir nennen Gott den Vater,
weil Jesus ihn, den Unbegreiflichen,
Vater genannt hat,
und nennen Jesus den »Sohn«.

»Geheiligt werde dein Name«
Die Menschen nennen vieles zu Unrecht heilig:
Vaterland, Rechtsordnungen, Liebe, religiöse Bräuche.
Doch den, der allein heilig und unantastbar ist,
machen sie zu einem ohnmächtigen »lieben Gott«.
Jesus aber will, daß wir uns in Ehrfurcht
allein vor dem heiligen Gott beugen.
Weil Jesus von der Heiligkeit Gottes erfüllt war,
nennen wir ihn den »Christus«, den »Bevollmächtigten«.

»Dein Reich komme«
Wir suchen Frieden für die Welt
und Gerechtigkeit für die Menschen
und können es nicht hinnehmen,
daß Staat und Gesellschaft
durch Unrecht und Gewalt bestehen.
Aber wir werden das Böse nicht völlig überwinden.
Darum erwarten wir von der Herrschaft Gottes
das Ende der Not und die vollkommene Freiheit
und nennen Jesus, der diese Hoffnung verbürgt, den »Herrn«.

»Dein Wille geschehe, wie im Himmel, so auf Erden«
Wir gehorchen unserem Eigenwillen
und scheuen alles, was ihn einschränkt.

Darum sind wir der Angst
und den Folgen unseres Tuns ausgeliefert.
Nur wenn wir Gottes Willen geschehen lassen,
können wir gelassen und frei sein.
Jesus hat uns diese Freiheit vorgelebt.
Darum nennen wir ihn den »Meister«.

»Unser tägliches Brot gib uns heute«
Wir sorgen uns und reiben uns auf
um Leben, Gesundheit und Genuß,
weil wir dem Gott nicht trauen, den wir doch »Vater« nennen.
Darum bitten wir, er möge für uns sorgen
und uns von Neid und Habsucht befreien,
damit wir ohne Sorge arbeiten können
und übrig haben für die Bedürftigen.
Weil Jesus nicht nur das Heil der Seele,
sondern auch der heile Leib der Menschen wichtig war,
nennen wir ihn den »Heiland«.

»Und vergib uns unsere Schuld,
wie auch wir vergeben unseren Schuldigern«
Wir leiden darunter, daß wir anderen Unrecht zufügen
und die Folgen unseres Tuns nicht auslöschen können.
So bitten wir um die Vergebung,
die allein einen neuen Anfang gibt.
Wir legen auch andere nicht auf ihr Unrecht fest
und fangen neu mit ihnen an, wie Gott mit uns.
Wir bitten mit Jesus,
der für seine Henker Vergebung erbat,
und nennen ihn den »Versöhner«.

»Und führe uns nicht in Versuchung«
Wir sind unseres Glaubens niemals sicher.
Wir sind in Gefahr, an unseren Kräften zu verzweifeln,
weil wir von Gott nichts erwarten
oder meinen, Gott sei tot.
Wir bitten ihn, er möge uns bewahren
wie Jesus, der in der Gottverlassenheit nach ihm schrie,
und sehen in Jesus unseren Bruder, den »wahren Menschen«.

»Sondern erlöse uns von dem Bösen«
Wir sind Gefangene des Bösen von innen und außen.
Menschen gehen zugrunde unter Krieg und Hunger,
unter Krankheit und Gewalt.
Wir fürchten den Tod.
Wir suchen nur Schutz und Sicherheit
und ändern die Welt nicht.
Wir wissen, was gut ist und tun es nicht.
Um Befreiung vom Druck des Bösen bitten wir mit Jesus,
der Tod und Zwang überwunden hat,
und nennen ihn den »Erlöser«.

»Denn dein ist das Reich und die Kraft
und die Herrlichkeit in Ewigkeit«
Wir warten auf Gott
und wissen, daß am Ende seine Herrlichkeit kommt.
Wir sind ruhig in der Unruhe der Zeit
und feiern die künftige Erfüllung voraus
in Anbetung und Dank.
Wir hoffen auf Christus,
das Haupt der ewigen Kirche
und den Herrn der vollkommenen Welt.

Evangelische und katholische Christen beten heute das
Vaterunser nach einem gemeinsamen Wortlaut:

Vater unser im Himmel.
Geheiligt werde dein Name.
Dein Reich komme.
Dein Wille geschehe
wie im Himmel so auf Erden.
Unser tägliches Brot gib uns heute.
Und vergib uns unsere Schuld,
wie auch wir vergeben unseren Schuldigern.
Und führe uns nicht in Versuchung,
sondern erlöse uns von dem Bösen.
Denn dein ist das Reich und die Kraft
und die Herrlichkeit in Ewigkeit. Amen.

Unsere Welt

Woher die Welt kommt

Wir glauben, daß wir unsere Welt
Gottes schöpferischer Kraft verdanken,
daß sie nicht aus Zufall entstand,
sondern nach seinem Plan.

Ihre Kräfte sind Wirkung seiner Kraft.
Ihre Gesetze spiegeln seine Gedanken.
Ihr Leben ist Ausdruck seiner Lebendigkeit.

In ihrer Ordnung und Schönheit
begegnet uns seine Güte,
in ihren Rätseln und Schrecken
seine Unbegreiflichkeit.
Er ist das Geheimnis ihres Ursprungs
und das Geheimnis ihres Bestehens.

Jesus hat uns in dem rätselhaften Gott
den liebenden Schöpfer gezeigt.
Darum verachten wir die Welt nicht,
sondern lieben und schützen sie
und nehmen ihren Reichtum dankbar an.

Was wir für die Welt tun können

Wir glauben, daß Gott unablässig wirkt
und will, daß wir mit ihm wirken.

Er will nicht, daß wir hinnehmen,
was Menschen aus seiner Welt gemacht haben,
als wäre sie so von ihm gewollt.
Er will, daß wir sie verändern,
ihre Kräfte ergründen,
ihre Gesetze anwenden
und sie in den Dienst des Lebens stellen.

Er macht uns verantwortlich für das Recht aller Wesen,
zu leben und zu gedeihen,
wie es allen gemeinsam zuträglich ist.
Darum finden wir uns nicht ab
mit Lüge, Ausbeutung und Gewalt,
mit Erpressung und Drohung.

Wir treten ein für die Verleumdeten,
für die Gedanken der Unbequemen
und für die Hoffnung derer,
die von einer besseren Zukunft träumen.

Wir streiten gegen Krieg,
Elend und Unmenschlichkeit und ihre Ursachen.
Wir suchen Ordnungen unter den Völkern,
die des Menschen würdig sind und ihm dienen,
und die gemeinsame Kontrolle der Macht.

Tapferkeit, Hingabe und klare Gedanken,
Liebe zum Menschen und Wille zum Frieden,
das ist es, was wir der Welt schulden.

Was wir für die Welt hoffen

Wir glauben, daß Gott diese Welt
erneuern und vollenden wird.
Wie Gott allein es ist,
der die Welt erschafft,
so wird auch Gott allein es sein,
der die neue Welt schafft und die alte aufhebt.
Kein Friedensreich menschlicher Gerechtigkeit
wird das göttliche Reich ersetzen oder vorwegnehmen,
in dem Licht ohne Schatten sein wird,
Leben ohne Tod.

Gott wird das Nichtige vernichten
und was aus der Liebe kam, retten.
Darum gehört die Zukunft allein dem Liebenden,
und keine Tat und kein Zeichen der Liebe
im Leben der Menschheit und des einzelnen Menschen
sind jemals verloren.

Maßstäbe

Was die alte Ordnung bedeutet

Gott gab dem Volk Israel eine Ordnung, die 10 Gebote.
Sie lauten:

Ich bin der Herr, dein Gott,
du sollst keine anderen Götter neben mir haben

Nichts ist unbedingt wichtig für dich,
nichts ist unbedingt maßgebend,
was Menschen tun oder denken,
auch du selbst bist es nicht.
Unbedingt wichtig und groß ist Gott allein.

Du sollst Gott nicht in Bild oder Vorstellung zwingen

Gott wird für dich ein leeres Wort sein,
wenn du ihn dir nicht vorstellst
durch Bilder und Vergleiche.
Aber bilde dir nicht ein,
damit hättest du Gott in der Hand.
Gott ist immer anders und größer
als alles, was du dir vorstellst.

Du sollst den Namen deines Gottes Irdischem nicht beilegen

Nichts Irdisches, nichts von Menschen Gemachtes
kannst du »gottgestiftet« nennen oder »gottgewollt«,
und kannst dich ihm nicht unterwerfen.
Was Menschen tun, sagen oder dir auferlegen,
mußt du prüfen und darfst du ändern.

Du sollst den Feiertag heilig halten

Du nimmst dir Zeit, damit Gott in dir wirken kann,
und klammerst dich nicht an Leistung und Erfolg.
Du widerstehst nach deiner Arbeit allem Zwang,
um zu ruhen, zu spielen und zu feiern
und frei zu sein für dich selbst und die Menschen.

Du sollst deinen Vater und deine Mutter ehren

Du achtest deine Eltern
und dankst ihnen.
Du sorgst für die Alten und Einsamen.
Du gibst ihnen Geborgenheit
und läßt sie nicht verkümmern.

Du sollst nicht töten

Du bewahrst deinen Mitmenschen
vor Unrecht und Gewalt,
vor Entwürdigung und Verwundung
an Leib und Seele.
Du stehst ihm in Leiden und Krankheit bei
und gibst Gut, Zeit und Kraft,
damit er leben und gedeihen kann.

Du sollst die Ehe nicht brechen

Du hältst zuverlässig zu deinem Gefährten
und trägst dein Schicksal mit ihm gemeinsam.
Du gibst ihm Halt durch deine Treue
und gehst nicht eigensüchtig nach Liebe aus.
Du bist bereit, wenn er schuldig geworden ist,
neu mit ihm anzufangen.

Du sollst nicht stehlen

Du achtest das Gut des andern
und sorgst für gerechten Ausgleich der Güter,
denn alles, was du hast, ist dir geliehen.
Gott will, daß jeder sein Lebensrecht
mit Rücksicht auf das Recht des anderen wahrnimmt.

Du sollst deinen Mitmenschen nicht verleumden

Du stiftest keine Feindschaft mit dem Wort.
Du schadest keinem Menschen durch eine Lüge,

sondern nimmst ihn in Schutz,
indem du die Wahrheit sagst oder schweigst.
Du hütest das kostbare Gut der Wahrheit,
indem du liebst und verstehst.

Du sollst nicht begehren, was nicht dein ist

Du hütest dich vor dem Neid
und vor der Sucht, alles haben zu wollen
an Gütern, an Vorzügen und Freiheiten.
Du erkennst deine Grenzen
und bejahst deine Bestimmung.

Alle Gebote und Gesetze Gottes sieht Jesus
zusammengefaßt im Gebot der Liebe:

Du sollst lieben Gott, deinen Herrn,
von ganzem Herzen, von ganzer Seele
und von ganzem Gemüte.
Dies ist das vornehmste und größte Gebot.
Das andere aber ist dem gleich:
Du sollst deinen Nächsten lieben wie dich selbst.

Matthäus 22

Was wir tun, wenn wir glauben

Jesus hat über diese alte Ordnung hinaus Weisungen gegeben und Maßstäbe aufgestellt. Sie gelten für alle, die ihm vertrauen und dem Ausdruck geben wollen. Darum gelten für uns andere Regeln als die einer allgemeinen Moral. Wir sind zugleich freier und gebundener.

Wir glauben und lassen uns nicht beirren

Wir verlassen uns auf Gottes Treue und sorgen nicht.
Wir sind frei und lassen uns von niemandem knechten.
Wir danken für alles, was uns geschieht.
Wir wenden uns Tag um Tag an Gott
und vertrauen ihm alle Menschen an.
Wir dienen der Wahrheit.
Wir verschweigen nicht, wovon wir leben,
und leben so, daß man uns glauben kann.

Wir lieben und lassen uns nicht den Mut nehmen

Wir gehen den Weg mit, den Jesus ging.
Wir begleiten die Verachteten und die Schwachen.
Wir lassen uns binden
und bringen den Gebundenen Freiheit.
Wir nehmen uns selber nicht wichtig
und trösten die Trostlosen.
Wir treten für die Schuldigen ein
und schützen sie vor dem Hochmut der Rechtschaffenen.
Wir brauchen keine Gewalt
und begegnen der Feindschaft mit Güte.

Wir hoffen geduldig und lassen uns nicht enttäuschen

Wir leben nicht für uns selbst,
sondern verbrauchen uns für die Welt.
Wir tragen mit an ihrer Last
und verzweifeln nicht an den Menschen.
Wir sehen in jedem Menschen den Bruder Jesus

und kennen keine Grenze der Rasse und der Herkunft.
Wir behalten das Ziel im Auge,
das Jesus uns gezeigt hat: Das Reich des Friedens.

Wie wir zurechtkommen, wenn wir versagen

Nach diesen Regeln prüfen wir uns

Wir erkennen täglich, daß wir ihnen nicht gerecht werden,
wir entschuldigen uns aber nicht selbst.
Wir bekennen unsere Schuld
und die Unordnung unseres Lebens
vor uns selbst, vor Gott und den Menschen
und bitten Gott,
er möge uns einen neuen Anfang gewähren.

Wir sprechen: Ich bekenne vor Gott,

daß ich nicht geglaubt habe.
Ich habe meine Freiheit vertan
und mein Gewissen übergangen.
Ich habe mir Sorgen gemacht
und war neidisch und undankbar,
mißtrauisch und enttäuscht,
anmaßend und selbstgerecht.

Ich habe nicht geliebt.
Ich habe Schuld angerechnet.
Ich bin den bequemen Weg gegangen,
ich habe mich der Menge angepaßt
und bin dem Opfer ausgewichen.
Ich wollte Christus nicht ähnlich werden
und habe seinen Weg gefürchtet.

Ich habe das Ziel aus den Augen verloren
und die Hoffnung aufgegeben.
Ich war mir selbst wichtig.
Ich habe Zeit und Kraft vergeudet,
Ungerechtigkeit geduldet,
Not und Einsamkeit übersehen
und die Menschen sich selbst überlassen.
Gott hat mich mit Glück beschenkt,
und ich habe nicht gedankt.

Wir glauben an die Vergebung unserer Schuld

Jesus hat uns versprochen,
daß Gott mit dem neu anfängt,
der zu ihm kommt und ihn bittet.

So verlassen wir uns darauf,
daß wir weitermachen dürfen,
auch wenn wir schwer versagt haben.

Wenn Gott uns vergeben hat,
sind wir von Grund auf neu
und sind wieder brauchbar in seinen Augen.

Was gewesen ist, belastet uns nicht.
Was jetzt ist, brauchen wir nicht zu verbergen.
Dem Künftigen können wir frei begegnen.

Grundworte aus der Bibel

Zu Seite 10: »Was es heißt, an Gott zu glauben«

Den Menschen,
der in Gottes Augen glücklich ist,
schildert Jesus in den »Seligpreisungen«:

Selig sind, die sich vor Gott arm wissen,
    denn Gottes Reich steht ihnen offen.
Selig sind, die Leid tragen,
    denn sie sollen getröstet werden.
Selig, die behutsam und freundlich sind,
    denn ihnen wird die Erde gehören.
Selig, die nach Gerechtigkeit hungern und dürsten,
    denn sie sollen satt werden.
Selig sind die Barmherzigen,
    denn sie werden Barmherzigkeit empfangen.
Selig sind, deren Herz rein ist,
    denn sie werden Gott schauen.
Selig sind die Friedensstifter,
    denn sie sind Söhne Gottes.
Selig, die verfolgt werden, weil sie die Gerechtigkeit lieben,
    denn Gottes Reich steht ihnen offen.   Matthäus 5, 3–10

Zu Seite 13: »Auch der Glaube entsteht nicht von selbst«

Paulus schreibt:

Niemand kann sich an Gott wenden,
wenn er nicht an ihn glaubt.
Niemand kann an einen Gott glauben,
von dem er nichts gehört hat.
Niemand kann etwas von Gott hören,
wenn keiner mit ihm über Gott spricht.

Glauben entsteht, wo berufene Prediger
Gottes Botschaft weitersagen.

Und wer ein berufener Prediger ist,
zeigt sich daran, daß er nachspricht,
was Christus ihm vorgesprochen hat.   Römer 10, 14.17

Zu Seite 13: »Alle Christen sind beteiligt«

Paulus schreibt:

Meine Sorge ist,
daß ja niemand an Gott irre werden möge,
nur weil ich ihm im Wege bin,
und daß nicht aus dem Amt des Helfers ein Hindernis wird.
Meine Sorge ist, daß ich auch in den Augen der Menschen
ein glaubwürdiger Diener Gottes bin
und die Geduld nicht verliere.

Reinheit des Herzens soll man an mir sehen,
Einsicht, einen langen Atem,
Freundlichkeit, Bewegtheit durch den heiligen Geist,
nüchterne, ehrliche Liebe.

Kein Wort soll man von mir hören
als das Wort der Wahrheit,
keine Kraft will ich anwenden,
es sei denn die Kraft, die von Gott kommt.
Meine Waffe sei nichts als Gerechtigkeit.
                                    2. Korinther 6, 3–7

Zu Seite 14: »Alle gehören zu der einen Kirche«

Johannes schreibt, was Jesus für die Kirche erbittet:

Ich bitte nicht für diese meine Freunde allein,
sondern auch für alle,

die durch sie von mir hören und an mich glauben.
Denn sie alle sollen eins sein,
wie du, Vater, und ich eins sind.

Johannes 17, 20–21

Und im Brief an die Epheser steht:

Achtet auf alles, was euch verbindet.
Gottes Geist will, daß ihr eins
und im Frieden verbunden seid.
Ihr seid ein Leib und ein Geist.
Ihr seid gemeinsam berufen,
Gottes Kinder in seinem Haus zu sein.

Alles, was ihr von Gottes Reich erhofft,
ist euch gemeinsam.
Ihr habt gemeinsam einen Herrn und einen Glauben,
eine und dieselbe Taufe ist an euch geschehen.
Gott ist einer, der Vater aller Menschen.
Er, der Eine, wirkt durch euch und wohnt in euch.
Er hat jedem von uns eigene Gaben verliehen,
wie Christus sie jedem geben wollte.

Epheser 4, 3–7

Zu Seite 16: »Er bürgt durch sein Leben«

Paulus schreibt:

Wer einmal begriffen hat,
daß man durch den Glauben zu Gott findet,
sagt nicht mehr: Gott?
Gott ist vielleicht im Himmel,
wie soll ich zu ihm gelangen?
War nicht Christus auf dieser Erde?
Oder: Der Tod? Ich weiß nichts darüber.
Als ob Christus nicht vom Tode auferstanden wäre!

44

In Wirklichkeit können wir über Gott recht gut Bescheid wissen.
Mit menschlichen Worten können wir nachsprechen,
was er uns sagt,
und in unseren Herzen können wir es bewahren.
Entscheidend ist, daß wir bekennen:
Ja, Jesus Christus ist mein Herr.   Römer 10, 6–8.13

Zu Seite 16: »Er bürgt durch seinen Tod«

Paulus schreibt:

Wir sagen: Das Kreuz ist unsere einzige Rettung.
Wer nicht weiß, wie ausweglos verloren er ist,
empfindet das als Gerede.
Für uns aber, die sich auf Christus, ihren Erlöser, verlassen,
liegt darin eine Kraft unmittelbar von Gott.

Die Juden wollen Wunder sehen,
die Griechen tiefe Gedanken fassen.
Wir dagegen sagen:
Der Beauftragte Gottes starb am Kreuz!
Das ist den Juden eine Gotteslästerung
und den Griechen eine Torheit.
Denen aber, die Gott berufen hat,
aus welchem Volk immer sie stammen,
bringen wir Christus,
göttliche Kraft und göttliche Weisheit.
Denn die Torheit Gottes ist weiser
und seine Schwäche stärker als die Menschen es sind.
                              1. Korinther 1, 18.22–25

Paulus schreibt:

Ist aber das der Inhalt des Evangeliums,
daß Christus vom Tode auferstanden ist,
wie kommen dann einige von euch dazu, zu sagen,
es sei nichts mit der Auferstehung der Toten?
Ist Christus nicht auferstanden,
dann ist das Evangelium leeres Gerede.
Dann ist euer Glaube an Christus Unsinn.
Dann steckt ihr noch ganz und gar
in eurer Schuld.
Erwarten wir nur in diesem Leben etwas von Christus,
dann sind wir die elendesten unter allen Menschen.
Nun steht aber fest, daß Christus aus dem Tode erweckt wurde.
Er ist der erste unter denen, die schlafen,
und der erste unter denen, die gleich ihm auferstehen.

1. Korinther 15, 12.14.17.19.20.23

Was man in die Erde legt, hat den Tod in sich.
Was aufersteht, ist von einer Art, die der Tod nicht antastet.
Was man in die Erde legt, ist wertlos.
Was erweckt wird, ist von herrlicher Schönheit.
Was man begräbt, ist am Ende seiner Kraft,
was aufersteht, hat die Lebendigkeit Gottes in sich.
Man begräbt einen Leib,
der durchwirkt war vom Leben der Seele,
Gott aber wird einen Leib schaffen,
der durchdrungen ist von seinem Geist.

Und das steht fest:
Wie wir auf dieser Erde das Bild und die Gestalt
des irdischen Menschen getragen haben,
so werden wir Bild und Gestalt
des himmlischen Menschen gewinnen.

1. Korinther 15,42–44.49

Zu Seite 17: »Jesus steht zwischen Gott und uns«

Im Epheserbrief steht:

Christus ist auch für euch gestorben.
Er macht Frieden.
Mehr noch, er ist selbst der Friede zwischen Gott und euch.
Er hat aus zwei Welten,
der Welt Gottes und eurer Menschenwelt,
eine einzige gemacht.
Er hat den Zaun abgerissen zwischen Gott und euch:
Eure Ablehnung, eure Feindschaft gegen Gott.

So seid ihr keine Gäste mehr in Gottes Haus
und keine Fremdlinge ohne Recht und Heimat,
sondern Bürger in Gottes Stadt und seine Hausgenossen.

Epheser 2,13.14.19

Zu Seite 20: »Was wir wert sind«

Im Römerbrief steht:

Wir sind auf Jesus Christus getauft.
Als man uns ins Wasser tauchte,
geschah an uns derselbe Tod wie an Jesus Christus.
Alles, was wir vorher waren, ist nun,
da wir getauft sind, tot und begraben.
Und wie Christus durch die Macht des Vaters
neues Leben empfangen hat aus seinem Tode,
so haben auch wir ein neues Wesen erhalten
und sollen ein neues Leben führen.

Wir sind, als unser altes Wesen in der Taufe starb,
zugrunde gegangen wie er am Kreuz,
nun werden wir ihm noch einmal ähnlich sein
in der neuen Lebendigkeit,

die ihm, dem Auferstandenen, eigen ist.
Nachdem wir mit Christus gestorben sind,
glauben wir, daß wir auch mit ihm leben werden.

Römer 6, 3–5.8

Zu Seite 22: »Was uns verbindet«

Paulus erinnert die Gemeinde in Korinth:

Es ist ein Brot, das wir gemeinsam essen.
So sind wir, obwohl wir viele einzelne sind,
doch ein einziger Leib,
weil wir alle an einem Brot teilhaben.   1. Korinther 10, 17

Zu Seite 30: »Woher die Welt kommt«

Johannes schreibt:

Das Wort, das die Welt schuf, war Gott selbst.
Alles wurde durch das schaffende Wort,
nichts entstand anders, kein Ding, kein Wesen.
Das Licht von Gott leuchtet in der Finsternis,
und die Finsternis verstand nicht, daß hier Gott ist.
Das Licht kam in die Welt,
allen Menschen zu leuchten.
Er war in der Welt,
der von sich sagte: Ich bin das Licht.
Die Welt ist durch ihn gemacht,
und die Welt erkannte ihn nicht.
Er war der Hausherr und kam in sein eigenes Haus,
aber die Seinen nahmen ihn nicht auf.
Doch die ihn aufnahmen und an ihn glaubten,
machte er zu Kindern Gottes.

Niemand hat Gott je gesehen,
nur der eine, der selbst Gott ist,
der bei Gott war wie ein Kind beim Vater,
hat ihn uns allen gezeigt.   Johannes 1, 3.5.9–12.18

Zu Seite 31: »Was wir für die Welt tun können«

Jesus sagt:

Wer unter euch eine Rolle spielen will,
der soll die Rolle des Dieners übernehmen.
Wer unter euch führen will,
der soll euer aller Knecht sein.

Denn auch ich bin nicht gekommen,
damit andere mir dienen.
Ich bin gekommen, um mich wie einen Knecht zu verbrauchen
und mein Leben hinzuwerfen,
wie man das Lösegeld hinwirft,
mit dem man Sklaven freikauft.   Matthäus 20, 26–28

Meint nur nicht, ich sei gekommen,
auf der Erde alles beim alten zu lassen!
Daß ich da bin, bedeutet nicht, daß fauler Friede herrscht,
es bedeutet das Schwert!   Matthäus 10, 34

Wer nicht das Kreuz, an dem er sterben soll,
auf die Schulter nimmt und hinter mir hergeht,
der ist mein nicht wert.
Wer meint, sein Leben gesichert zu haben, wird es verlieren.
Wer sein Leben opfert, weil er mich liebt,
wird es neu finden.   Matthäus 10, 38–39

Ich bin das Licht, das die Welt hell macht.
Wer mit mir wirkt, wird nicht in der Finsternis leben,
sondern im Licht sein
und in ihm das Leben finden.   Johannes 8, 12

Paulus schreibt:
Wir werden nicht müde,
denn wenn wir auch äußerlich zugrunde gehen,
erneuert uns doch Gott innerlich von einem Tag zum anderen.
Denn bei allem, was uns bedrückt, handelt es sich um Leiden,
die nicht länger dauern als einen Augenblick
und die leicht sind.
Am Ende empfangen wir eine Herrlichkeit,
die alle Vorstellungen übersteigt.
Gott wird sie uns geben,
die wir nicht auf das Sichtbare sehen,
sondern die Augen offen halten für das Unsichtbare.
Denn was wir sehen können, ist vergänglich,
was wir nicht sehen, ewig.   2. Korinther 4, 16–18

Im Bild von der »Stadt Gottes«
sieht die Offenbarung des Johannes
die Zukunft, die Gott für den Menschen bereit hat:

Ich sah einen neuen Himmel und eine neue Erde.
Denn der bisherige Himmel und die bisherige Erde vergingen.
Ich sah die heilige Stadt,
die sich von Gott her in unsere Welt herabsenkte.
Sie war schön. Schön und geschmückt
wie eine Braut, die ihrem Mann entgegengeht.
Ich hörte: Hier wohnt Gott bei den Menschen.
Er wird bei ihnen bleiben und sie werden sein Volk sein.
Er selbst wird bei ihnen sein.
Er wird alle Tränen aus ihren Augen wischen.
Es wird keinen Tod mehr geben,
kein Leid, keine Klage, keinen Schmerz,
denn alles, was war, ist vergangen.
Und der auf dem Thron saß, sprach:
Gib acht! Ich mache alles neu!
Ich bin der Anfang der Dinge und ihr Ziel.

Offenbarung 21, 1–6

Jesus schildert die Wirkung, die von den Seinen ausgehen soll:

Ihr seid das Salz der Erde.
Wenn nun das Salz fad wird,
womit soll man es wieder salzig machen?
Es taugt zu nichts weiter,
als daß man es auf die Gasse wirft
und die Leute es zertreten läßt.

Ihr seid das Licht der Welt.
Eine Stadt, die auf einer Höhe liegt,
kann nicht verborgen sein.
Man zündet auch nicht eine Lampe an,
um einen Kessel darüber zu stülpen.
Man stellt ein Licht auf einen Leuchter,
damit es denen leuchtet,
die im Hause sind.
So soll euer Licht vor aller Augen brennen,
damit man sieht, wem ihr mit eurer Arbeit dient,
daß man euren Vater im Himmel erkennt,
ihm gehorcht und seine Herrschaft rühmt.   Matthäus 5, 13–16

Wie wir Menschen miteinander umgehen sollen, liest Paulus
an dem Weg ab, den Jesus Christus ging:

Herrlich und mächtig wie Gott war er.
Aber er behielt seine Macht nicht für sich
und den Glanz seines göttlichen Wesens.

Alles legte er von sich ab,
er nahm die Gestalt eines Knechts an
und wurde ein Mensch unter Menschen.

Die arme Gestalt eines Menschen trug er
und beugte sich tief hinab bis zum Tod,
ja bis zum Tode am Kreuz.

Darum hob ihn Gott über alles empor
und setzte ihn über alles, was lebt,
über Menschen und Mächte.

Denn den Namen Jesus sollen sie nennen
und ihre Knie beugen
im Himmel und auf der Erde und unter der Erde.
Und mit allen Stimmen sollen sie rufen:
Jesus Christus ist Herr!
Und Gott, den Vater, rühmen und preisen!   Philipper 2, 6–11

Das Maß, das wir an uns selbst anlegen, zeigt Paulus:

Wenn ich in allen Sprachen der Menschen redete
und sänge in den Worten der Engel,
und keine Liebe wäre in mir,
gliche ich einer dumpfen Brummglocke
oder einem scheppernden Becken aus Blech.
Wenn ich Gottes Gedanken kennte
und alle Geheimnisse wüßte,
Wenn ich alle Weisheit der Welt besäße,
wenn mein Glaube die Macht hätte,
Berge zu versetzen,
und keine Liebe wäre in mir,
so wäre ich nichts.
Wenn ich mein Gut verteilte
und alle Hungrigen der Welt sättigte,
wenn ich für Christus durchs Feuer ginge
und ließe meinen Leib brennen,
und es wäre keine Liebe in mir,
es nützte mir nichts.

Die Liebe ist langmütig und freundlich,
sie kennt keine Eifersucht,
sie prahlt nicht und bläht sich nicht auf,
sie achtet auf das, was sich schickt, und verletzt es nicht.
Sie sucht keinen Vorteil
und wird nicht bitter durch dunkle Erfahrung.
Sie rechnet niemandem Böses an.

Sie trauert über das Unrecht
und freut sich über die Wahrheit.
Sie trägt alles, sie glaubt und hofft alles.
Sie beugt sich den Lasten und bleibt geduldig gebeugt.

Unvergänglich ist die Liebe.
Alle menschliche Kenntnis von Gott wird verwehen.
Was Menschen geredet, wird verhallen,
was sie forschten und dachten, zu Ende sein.
Stückwerk ist, was wir wissen,
Stückwerk, was wir über Gott reden.
Wenn aber seine Welt sich auftun wird über uns,
wird das Stückwerk aufhören.

Einst war ich ein Kind, ich redete wie ein Kind,
ich war klug wie ein Kind und machte kindliche Pläne.
Als ich ein Mann war, legte ich das kindliche Wesen ab.
Jetzt sehen wir Gott wie unser eigenes Gesicht
in kupfernem Spiegel, fremd und rätselvoll,
dann aber klar und nahe, von Angesicht zu Angesicht.

Jetzt erkenne ich eins oder das andere,
dann werde ich erkennen,
so klar, wie ich selbst von ihm erkannt bin.
Nun aber bleiben Glaube, Hoffnung, Liebe, diese drei,
die Liebe aber
ist die größte unter ihnen.   1. Korinther 13

Und über das Wesentliche am Leben des Christen schreibt er:

(Worauf kommt es denn an? Doch darauf:)
Christus zu begreifen,
die Kraft zu erfassen, die in seiner Auferstehung verborgen ist,
das Geheimnis zu ergründen, das uns mit ihm verbindet,
wenn wir sein Leiden mitleiden.
Denn das will ich: Der armen Gestalt
des gekreuzigten Christus will ich ähnlich werden,

immer tiefer mit ihm im Leiden verbunden sein.
Auf diesem Weg will ich vorwärtskommen,
bis er mir begegnen und mich aus dem Tode
zu neuem, herrlichem Leben wecken wird.   Philipper 3, 10–11

Zu Seite 39: »Wie wir zurechtkommen, wenn wir
versagen«

Worauf wir uns mit Gewißheit verlassen dürfen, zeigt Paulus:

Wir wissen: Alle Dinge dienen zum Besten
denen, die Gott lieben,
die er berufen hat nach seinem verborgenen Plan.
Denn die er zu seiner Gemeinschaft bestimmt hat,
wird er auch in eine neue Gestalt umschaffen,
ähnlich dem Bilde seines Sohnes,
damit er der älteste vieler Brüder sei.
Die er aber erwählt hat, hat er auch berufen.
Denen schenkte er Gerechtigkeit.
Die er gerecht gemacht hat,
über die hat er sein Licht gebreitet,
und sein Glanz geht von ihnen aus.

Was sollen wir dazu sagen?
Ist Gott für uns, wer will wider uns sein?
Seinen eigenen Sohn hat er nicht geschont,
für uns alle gab er ihn dahin.
Wie sollte er uns nicht alles, was wir brauchen,
mit ihm schenken?

Wer will verklagen, die Gott erwählt hat?
Gott selbst urteilt: sie sind gerecht.
Wer will sie verurteilen?
Christus tritt für sie ein. Er starb für sie.
Mehr noch: Er ist lebendig und mächtig wie Gott.

Wer will uns von seiner Liebe scheiden?
Bedrängnis oder Angst? Verfolgung oder Hunger?
Nacktheit oder Gefahr oder das Schwert des Henkers?
Nein, ich bin gewiß, daß weder Tod noch Leben,
weder Boten dunkler Mächte noch Zufall oder Schicksal,
weder heutiges Unheil noch Gefahren von morgen,
weder Gewalten der Erde noch Mächte in den Sternen
noch irgendein anderes Wesen, das Gott schuf,
uns zu scheiden vermag von der Liebe Gottes,
die uns in Christus erschien, unserem Herrn.   Römer 8, 28–39

Bekenntnisse der Alten Kirche

Das Apostolische Glaubensbekenntnis

Ich glaube an Gott, den Vater, den Allmächtigen, den Schöpfer des Himmels und der Erde,

und an Jesus Christus, seinen eingeborenen Sohn, unsern Herrn, empfangen durch den Heiligen Geist, geboren von der Jungfrau Maria, gelitten unter Pontius Pilatus, gekreuzigt, gestorben und begraben, hinabgestiegen in das Reich des Todes, am dritten Tage auferstanden von den Toten, aufgefahren in den Himmel, er sitzt zur Rechten Gottes, des allmächtigen Vaters, von dort wird er kommen, zu richten die Lebenden und die Toten.

Ich glaube an den Heiligen Geist, eine heilige, christliche Kirche, Gemeinschaft der Heiligen, Vergebung der Sünden, Auferstehung der Toten und das ewige Leben. Amen.

Das nicänische Glaubensbekenntnis

Wir glauben an den einen Gott, den Vater, den Allmächtigen,
der alles geschaffen hat, Himmel und Erde,
die sichtbare und die unsichtbare Welt.
Und an den einen Herrn Jesus Christus,
Gottes eingeborenen Sohn,
aus dem Vater geboren vor aller Zeit:
Gott von Gott, Licht vom Licht, wahrer Gott vom wahren Gott,
gezeugt, nicht geschaffen, eines Wesens mit dem Vater;
durch ihn ist alles geschaffen.
Für uns Menschen und zu unserm Heil ist er vom Himmel
    gekommen,
hat Fleisch angenommen durch den Heiligen Geist von der
    Jungfrau Maria
und ist Mensch geworden.
Er wurde für uns gekreuzigt unter Pontius Pilatus,
hat gelitten und ist begraben worden,
ist am dritten Tage auferstanden nach der Schrift
und aufgefahren in den Himmel.
Er sitzt zur Rechten des Vaters
und wird wiederkommen in Herrlichkeit,
zu richten die Lebenden und die Toten;
seiner Herrschaft wird kein Ende sein.
Wir glauben an den Heiligen Geist,
    der Herr ist und lebendig macht,
der aus dem Vater und dem Sohn hervorgeht,
der mit dem Vater und dem Sohn angebetet und verherrlicht
    wird,
der gesprochen hat durch den Propheten,
und die eine, heilige christliche und apostolische Kirche.
Wir bekennen die eine Taufe zur Vergebung der Sünden.
Wir erwarten die Auferstehung der Toten
und das Leben der kommenden Welt. Amen.

Martin Luther

Kleiner Katechismus, 1529
(in der revidierten Fassung von 1986)

Der erste Artikel · Von der Schöpfung

Ich glaube an Gott den Vater, den Allmächtigen,
den Schöpfer des Himmels und der Erde.

Was ist das?
Ich glaube, daß mich Gott geschaffen hat samt allen Kreatu-
ren, mir Leib und Seele, Augen, Ohren und alle Glieder,
Vernunft und alle Sinne gegeben hat und noch erhält;
dazu Kleider und Schuh, Essen und Trinken, Haus und Hof,
Weib und Kind, Acker, Vieh und alle Güter;
mit allem, was not tut für Leib und Leben
mich reichlich und täglich versorgt,
in allen Gefahren beschirmt
und vor allem Übel behütet und bewahrt;
und das alles aus lauter väterlicher, göttlicher Güte
und Barmherzigkeit,
ohn all mein Verdienst und Würdigkeit:
für all das ich ihm zu danken und zu loben
und dafür zu dienen und gehorsam zu sein schuldig bin.
Das ist gewißlich wahr.

Der zweite Artikel · Von der Erlösung

Und an Jesus Christus,
seinen eingeborenen Sohn, unsern Herrn,
empfangen durch den Heiligen Geist,
geboren von der Jungfrau Maria,
gelitten unter Pontius Pilatus,
gekreuziget, gestorben und begraben,
hinabgestiegen in das Reich des Todes,
am dritten Tage auferstanden von den Toten,
aufgefahren in den Himmel,
er sitzt zur Rechten Gottes, des allmächtigen Vaters,
von dort wird er kommen,
zu richten die Lebenden und die Toten.

Was ist das?
Ich glaube, daß Jesus Christus,
wahrhaftiger Gott
vom Vater in Ewigkeit geboren
und auch wahrhaftiger Mensch
von der Jungfrau Maria geboren,
sei mein Herr,
der mich verlornen und verdammten Menschen erlöset hat,
erworben, gewonnen von allen Sünden,
vom Tode und von der Gewalt des Teufels;
nicht mit Gold oder Silber,
sondern mit seinem heiligen, teuren Blut
und mit seinem unschuldigen Leiden und Sterben;
damit ich sein eigen sei
und in seinem Reich unter ihm lebe und ihm diene
in ewiger Gerechtigkeit, Unschuld und Seligkeit,
gleichwie er ist auferstanden vom Tode,
lebet und regieret in Ewigkeit.
Das ist gewißlich wahr.

Der dritte Artikel · Von der Heiligung

Ich glaube an den Heiligen Geist,
die heilige christliche Kirche, Gemeinschaft der Heiligen,
Vergebung der Sünden,
Auferstehung der Toten und das ewige Leben.   Amen.

Was ist das? Ich glaube, daß ich nicht aus eigener Vernunft noch Kraft an Jesum Christum, meinen Herrn, glauben oder zu ihm kommen kann; sondern der Heilige Geist hat mich durch das Evangelium berufen, mit seinen Gaben erleuchtet, im rechten Glauben geheiligt und erhalten; gleichwie er die ganze Christenheit auf Erden beruft, sammelt, erleuchtet, heiliget und bei Jesus Christo erhält im rechten einigen Glauben; in welcher Christenheit er mir und allen Gläubigen täglich alle Sünden reichlich vergibt und am Jüngsten Tage mich und alle Toten auferwecken wird und mir samt allen Gläubigen in Christo ein ewiges Leben geben wird.   Das ist gewißlich wahr.

Wir glauben all an einen Gott
1524

Wir glauben all an einen Gott, Schöpfer Himmels und der Erden, der sich zum Vater geben hat, daß wir seine Kinder werden.
Er will uns allzeit ernähren, Leib und Seel auch wohl bewahren;
allem Unfall will er wehren, kein Leid soll uns widerfahren;
er sorget für uns, hüt' und wacht, es steht alles in seiner Macht.

Wir glauben auch an Jesum Christ, seinen Sohn und unsern Herren,
der ewig bei dem Vater ist, gleicher Gott von Macht und Ehren,
von Maria, der Jungfrauen, ist ein wahrer Mensch geboren
durch den Heiligen Geist im Glauben, für uns, die wir warn verloren,
am Kreuz gestorben und vom Tod wieder auferstanden durch Gott.

Wir glauben an den Heiligen Geist, Gott mit Vater und dem Sohne,
der aller Blöden Tröster heißt und mit Gaben zieret schöne,
die ganz Christenheit auf Erden hält in einem Sinn gar eben;
hie all Sünd vergeben werden, das Fleisch soll auch wieder leben;
nach diesem Elend ist bereit' uns ein Leben in Ewigkeit. Amen.